Oren Thorne

Stürme der Seele

Frühe Gedichte und kurze Geschichten

tredition

© 2024 Heinz Moering

ISBN 978-3-384-44397-7

Druck und Distribution im Auftrag des Autors:

tredition GmbH, Heinz-Beusen-Stieg 5, 22926 Ahrensburg, Germany

Inhaltsverzeichnis

EINLEITUNG

Oren Thornes erstes Werk, „Stürme der Seele", entstand in den frühen 1970er Jahren, als der junge Autor seine innersten Wunden und ungestillten Sehnsüchte in Worte zu fassen versuchte. Das Gedichtwerk ist ein klassisches Werk der Lyrik, das mit der vollen Intensität des Sturm und Drang-Geistes aufgeladen ist. Es spiegelt sowohl die ungestüme Kraft der Jugend als auch eine tiefe Sehnsucht nach Liebe und Geborgenheit wider – ein Werk, das sowohl von innerem Aufruhr als auch von der zarten, unerschütterlichen Hoffnung auf emotionale Erfüllung durchzogen ist.

Die Zeit, in der Oren dieses Werk schuf, war geprägt von politischer Unruhe, persönlichem Verlust und der Suche nach einer neuen Identität.

Oren, der gerade erst von seiner geliebte Partnerin auf mysteriöse Weise alleine gelassen wurde, war auf der einen Seite von der wilden Energie seiner Jugend durchdrungen, auf der anderen Seite von einer tiefen Melancholie über die vergehende Zeit und den Verlust der Unschuld. Diese Ambivalenz – der Drang nach Freiheit und Veränderung auf der einen Seite, die Verzweiflung über die Vergangenheit und die vergebliche Suche nach Trost auf der anderen Seite – formt den emotionalen Kern von „Stürme der Seele".

Die Gedichte des Werkes sind eine Mischung aus roher Leidenschaft und zartem Verlangen, die sich in kraftvollen Metaphern und dramatischen, beinahe überschwänglichen Beschreibungen entfalten. Oren nutzte die Worte nicht nur als Mittel, um seine Gefühle zu artikulieren, sondern als ein Werkzeug, das seine innere Zerrissenheit zum Leben erweckte. Das Gedicht „Der wilde Wind" ist ein Beispiel dafür. Darin beschreibt er den inneren Konflikt zwischen Freiheit und Geborgenheit, als ob der Wind in seiner Brust stürmt, um die Fesseln der Vergangenheit zu sprengen, nur um in der Leere der Freiheit eine schmerzliche Sehnsucht nach einer verlorenen Verbindung zu erfahren. Es ist ein atemberaubendes Bild von jugendlichem Übermut, der jedoch von einer unerbittlichen Leere und dem Wunsch nach Zugehörigkeit überschattet wird.

In diesen Zeilen steckt sowohl das Streben nach Unabhängigkeit als auch die tiefe Erkenntnis, dass Freiheit ohne Liebe und Geborgenheit hohl und leer bleibt. Diese Zerrissenheit zwischen den eigenen Wünschen und der Realität des Lebens zieht sich durch das gesamte Werk.

Doch trotz der rauen und oft düsteren Themen, die die Gedichte durchziehen, ist „Stürme der Seele" auch ein Werk von Hoffnung. Die ständige Wiederholung des Begriffs „Heim" oder „Huldigung der Liebe" in den Versen, etwa in dem Gedicht „Das Heim der Träume", deutet auf eine tiefe Sehnsucht hin, die der Autor in seinen Versen ausdrückt. Hier beschreibt er den Traum von einem Ort, an dem die Seele Frieden findet – ein Bild der Geborgenheit, das trotz aller Stürme und Dränge immer wieder auftaucht:

In diesen Zeilen wird die Sehnsucht nach einem sicheren, liebevollen Hafen spürbar – ein Ort, der den Konflikten und den ständigen Kämpfen des Lebens entgegentritt und Trost in einer Welt des Chaos bietet. Trotz der harten Realität von Verlust und Verzweiflung gibt es einen Funken Hoffnung, der sich in der Liebe und im Wunsch nach einem „Heim" manifestiert.

„Stürme der Seele" ist nicht nur eine Reflexion von Oren Thornes eigenen Erfahrungen, sondern auch eine universelle Darstellung der Suche nach Zugehörigkeit und des Kampfes zwischen dem Drang nach Selbstverwirklichung und dem tiefen Bedürfnis nach menschlicher Nähe. Die Verse sind von einer leidenschaftlichen Intensität durchzogen, aber auch von einer wehmütigen Melancholie – eine Mischung, die die brennende Sehnsucht nach der einen, wahren Liebe widerspiegelt.

Das Werk, das zunächst in kleinen, privaten Kreisen zirkulierte, zog auch bald weitere Leser in seinen Bann, die sich in der emotionalen Kraft der Gedichte wiederfanden – eine Erzählung von der intensiven, oft schmerzhaften Suche nach einem Ort der Geborgenheit und der Liebe in einer Welt, die von Konflikten und Verlusten gezeichnet war.

Oren Thorne hatte mit „Stürme der Seele" nicht nur seine eigenen inneren Kämpfe ausgedrückt, sondern eine Generation von Lesern berührt, die mit ähnlichen Gefühlen und Sehnsüchten kämpften.

In seinem letzten Kapitel GEDANKEN ZU EIGENEN GEDICHTEN motiviert der Autor die Leser, selbst ihre Gedanken in Verse zu setzen, sich leiten zu lassen und die eigene Stimme in der Poesie zu finden. Als Hilfe wird dabei einer der bedeutendsten Dichter der deutschen Romantik Joseph von Eichendorff als Inspirator für eigene Verse und Gedichte empfohlen.

Seine Gedichte und Erzählungen Eichendorffs zeichnen sich durch eine tiefe Verbundenheit zur Natur, eine Sehnsucht nach Freiheit und eine romantische Verklärung des Lebens aus. Seine Poesie ist geprägt von einer einzigartigen Mischung aus Melancholie und Lebensfreude, die den Leser in eine Welt voller Träume und Emotionen entführt.

Ergänzend sei darauf hingewiesen, dass sämtliche verwendeten Grafiken und Bilder mithilfe Künstlicher Intelligenz generiert wurde.

ZUM AUTOR

Oren Thorne

ist ein mysteriöser und charismatischer Autor, der am liebsten in einer kleinen, abgelegenen Hütte tief in den Wäldern lebt. Geboren in einer Stadt, die von Geschichten und Legenden durchdrungen ist, entwickelte Oren schon früh eine Leidenschaft für das Schreiben. Seine Werke sind bekannt für ihre tiefgründigen Charaktere und die Fähigkeit, Leser in fantastische Welten zu entführen.

Oren Thornes' Bücher sind oft von der Natur inspiriert und er verbringt viel Zeit damit, durch die Wälder zu wandern um Inspiration aus der Umgebung zu schöpfen. Seine Geschichten sind eine Mischung aus Realität und Fantasie, die den Leser dazu einladen, die Grenzen seiner Vorstellungskraft zu erweitern.

Trotz des Erfolgs bleibt Oren ein zurückgezogener und geheimnisvoller Mensch, der selten in der Öffentlichkeit auftritt. Seine Fans schätzen die Authentizität und Tiefe seiner Werke, die oft Themen wie Liebe, Verlust und die Suche nach dem eigenen Selbst behandeln.

LIEBE & LEID

DIE BRÜCKE

Der Weg ist versandet die Brücke zerbricht,

das Leben geht weiter, die Liebe nicht.

Kein Trost ist im Glase die Zukunft bringt Not,

das Leben geht weiter die Liebe ist tot.

Die Sonne sie scheinet wie an jedem Tag,

die Glocke erklinget zur Morgenandacht.

Es locken die Schatten, es rufet von Fern.

Komm zu mir Geliebter, denn ich hab' dich gern.

Ein Blümlein verblühte so zart anzusehn,

ein Mensch ist gestorben -- niemand kann's versteh'n

EIN SELTSAMER GAST

Wenn rein und wahr der Mund dir spricht,

wenn hell und klar das Aug' dir blickt,

wenn höchste Freud und tiefster Gram

im Herzen liegen nebenan.

Wenn plötzlich nur das Gute ist

und du nicht mehr die Fehler siehst,

wenn Tagesträume wechseln ab,

mit langer sehnsuchtsvoller Nacht.

Wenn montags schon ein Freitag ist,

nur weil du dich mit ihr wohl triffst.

Wenn morgens dir die Sonne scheint,

obwohl der graue Himmel weint.

Wenn alles hier auf dieser Welt

dir plötzlich so sehr gut gefällt.

Wenn nichts mehr gilt was wichtig war

und nur noch zählt ein einzig' Star.

Dann sei gewiss, es wird so sein,

die Liebe kehret bei dir ein.

Die Liebe ist des Glückes Kind,

erst Hauch dann Sturm und wieder Wind.

Sie ist das Ahnen einer Welt,

in der es uns so gut gefällt.

Sie bringt uns Glück und bringt uns Leid

und macht uns doch am End` gescheit.

Sie ist der Meister unsres Seins,

der Schmied des Glücks, der Hoffnungschein

Wer sie je fand vergisst sie nie,

sie ruht in ihm als sanfte leise Melodie.

DIE NACHT

Die vielen tausend Sterne die dort am Himmel steh'n
ich wünschte mir so gerne auch du würdest sie seh'n.
Die tiefe Nacht umhüllte die Landschaft rings umher
und manches Herz erfüllte dies hohe Schweigen sehr.
So sollst auch du es fühlen die herrlich sanfte Macht,
sollst deine Seele kühlen an meinem Herzen sacht.

Das diese Nacht erweckte in uns gar manchen Traum
wird uns einmal erinnern an diesen mächtigen Raum.
In ihm sind Traum und Wahrheit verschmolzen ewiglich
sie können wohl entfliehen und sind doch wahrhaftig.

DAS HEIM DER TRÄUME

Im Lande wo die Träume blühen, wo Sternes leuchten nie verglüh'n.

Dort steht ein Heim, so wunderbar, ein Ort der Ruhe, fern und klar.

Die Wände flüstern sanfte Lieder, von Hoffnung und Liebe, immer wieder.

Der Garten blüht in Farbenpracht, ein Paradies in stiller Nacht.

Das Heim, es ruft und locket mir, der Pfad ist nah, doch fern von dir.

Das Herz es sendet Boten aus, nach einem Schatz in Traumes Haus.

Ein Heim, das mich so sanft umhüllte, wo jeder Wunsch sich leise erfüllte.

Hier finden Seelen Frieden wieder, in diesem Heim der stillen Lieder.

Wo Träume endlich Wahrheit werden, ein wenig Himmel hier auf Erden.

Die Sehnsucht nach dem traute Hafen, den Liebesort, wo wir uns trafen.

Sie trägt mich fort hinaus ins Weite, zu dir mein Traum an Deine Seite.

Dort will ich bleiben immerdar, mein Traum er wird nun endlich wahr.

DU BIST DAS LICHT

Du bist das Licht in meinem Schatten
und doch ein Schatten in meinem Gesicht.
Was Herz und Seel' gelitten hatten,
um dich mein Traum dass weißt du nicht.

In langen Nächten Einsamkeit ein brennend Herz nach Liebe schreit.
Die zerrend Glut in Inn'ren mein schlug manche Falt ins Antlitz ein.
Du bist der Inhalt meines Lebens, des Daseins Sinn, der Liebe Hort.
Verlier ich dich zerbricht mein Leben, Elend und gram siech' ich dahin.
Du reichst des Lebens Krone mir, du gibst mir Mut und Kraft zurück.
Vergelten will ich's ewig dir, will führen dich zum höchsten Glück.

DER WILDE WIND

In Freiheit zu leben, ein Traum wurde wahr,

die Fesseln zu sprengen, frei sein immerdar.

Wild stürmet der Wind, im Inneren mein,

kein Liebes noch Freundschaft, bin nun ganz allein.

Die Einsamkeit blendet Geborgenheit aus,

die Sehnsucht sie naget am eigenen Haus.

Die Leere verbrennt mir Vergangenes fort,

ich wünschte so gerne wär' ich wieder dort.

Dort wo meine Kindheit, die Jugend so schön,

da war ich Zuhause, dort möchte' ich hin gehen'.

LIEBESLEID

Liebt' ich ein Mädel einmal so heiß,

wie wohl das Feuer schmelzet das Eis.

Sang ich ihr Hymnen in mondheller Nacht,

stand sie am Fenster und lauschte mir sacht.

Tränen des Leides verliefen im Sand,

als unser Glück sein Ende einst fand.

Brach auch mein Herz vor Kummer entzwei,

spürte ich brennend welch Kraft Liebe sei.

Irrte vergebens viel Jahre umher,

konnte doch finden das Glück nimmermehr.

Verweilte ja wartend an mancherlei Ort,

stets zogen sehnsüchtige Mächte mich fort.

Nun bin ich alt und gebeugt ist mein Gang,

blieb ich doch einsam mein Leben lang.

Wartete sehnsüchtig auf die Eine ja nur,

nun läuft wohl ab meine eigene Uhr.

Und strecke ich mich zur Ruhe dann aus,

so weiß ich das Eine ganz genau.

Dort droben im Himmel das Mädel ich find

und selig vereint wir beide dann sind.

Und noch einem Mal mit tiefen erregen

Füllt sich mein Auge mit schimmernden Tränen

Sie waschen hinfort die Last des Lebens,

so dass ich erkenne es war nicht vergebens.

HEIMWEH & FERNWEH

LEBENSLIED

Aus der Erden, der entsprossen alles Sein auf dieser Welt,

steigt heraus das Lied des Lebens während jung der Tag erhellt

Mit der rot lodernden Scheibe steigert sich die Melodie,

füllt den Raum mit ihren Klängen, weckt die Lebenssymphonie.

Manchmal klingt es mild wie Summen, manchmal rau wie Donnerhall.

Immer jedoch bleibt's natürlich, immer bleibt es frisch und frei.

Sinkt die lichte Scheibe wieder, in der Erden warmen Grund,

werden leis' des Lebens Lieder, kaum vernehmbar ihre Kund.

Tief im dunklen nunmehr schlummert, jeden Tons Lebendigkeit,

bis erweckt das Licht des Tages, diesen Sang der Ewigkeit.

HEIMAT

Heimat, oh du Wort der Fremde,

Heimat Wort vom Glücklich sein,

alles Hoffen, alles Sehnen steckt in dir, in dir allein.

Nur wer lange dich musst' missen,

kennt das Weh` im Herzen mein.

Kennt die Sehnsucht, kennt das Locken,

nur der kennt dein' gülden Schein.

Heimat Wort der stillen Freude,

Heimat letzter Ruheort

Dir will immer ich gedenken,

dir auch gilt mein letztes Wort.

Wer nach vielen Jahren wieder

kehrt zurück ins Vaterhaus,

dem fällt alle Last vom Herzen,

ruht sich wohl vom Wandern aus.

Jeder Streich ans seiner Jugend,

jede Dummheit fällt ihm ein

und ein helles frohes Lachen

klingt durchs alte traute Heim.

Heimat Wort der stillen Freude,

Heimat letzter Ruheort

dir will immer ich gedenken,

dir auch gilt mein letztes Wort.

Wo die Eltern dich behütet,

Freunde war'n so viele dein,

manches Mädchen um dich weinte,

ja nur dort bist du daheim.

Wenn die Jahre auch vergehen

und die Zeit mit Hast verrinnt,

in der Heimat bleibt's beim Alten,

denn hier warst du einmal Kind.

Heimat Wort der stillen Freude,

Heimat letzter Ruheort

Dir will immer ich gedenken,

dir auch gilt mein letztes Wort.

DIE LICHTBRINGERIN

Eine Sage aus dem ungarischen

In einem kleinen Dorf in Ungarn, umgeben von dichten Wäldern und sanften Hügeln, lebte ein kleines Mädchen namens Elara. Sie war bekannt für ihre strahlenden Augen und ihr fröhliches Lachen, das die Herzen aller Dorfbewohner erwärmte. Doch das Schicksal meinte es nicht gut mit ihr. Eines Tages, als Elara noch sehr jung war, verstarb ihre Mutter auf tragische Weise.

Elara war untröstlich und fühlte sich verloren in der Welt. Doch das Schicksal hatte noch eine Überraschung für sie parat. Eine wohlhabende deutsche Familie, die das Dorf besuchte, hörte von Elaras trauriger Geschichte und beschloss, sie zu adoptieren. Sie nahmen Elara mit in ihr großes Haus in Deutschland, wo sie ein neues Leben begann.

Doch Elara war nicht nur ein kluges und schönes Mädchen. Sie trug das Erbe ihrer Mutter in sich, die eine mächtige Heilerin und Hüterin alter Geheimnisse war. In den stillen Nächten, wenn der Mond hell leuchtend am Himmel stand, konnte Elara die Stimmen der Natur hören und die Magie der alten Wälder spüren.

Eines Nachts erschien ihr im Traum eine wunderschöne Frau mit langen, silbernen Haaren – Es war ihre Mutter, die ihr eine wichtige Botschaft überbrachte. Sie erzählte Elara von einem verborgenen Schatz, der tief in den Wäldern Ungarns verborgen lag. Dieser Schatz war nicht aus Gold oder Edelsteinen, sondern er bestand aus uralten Weisheiten und magischen Kräften, mit denen die Welt verändert werden könnte.

Elara wusste, dass es nun Zeit war in die alte Heimat zurückzukehren, um das Erbe ihrer Mutter zu finden und um es zu bewahren.

Mit dem Segen ihrer Adoptiveltern machte sie sich auf den Weg zurück nach Ungarn. entschlossen, den verborgenen Schatz zu finden.

So kehrt Elara nach vielen Jahren in ihre ursprüngliche Heimat Ungarn zurück. Ihre Reise ist geprägt von zahlreichen Herausforderungen und Abenteuern, die sie bestehen musste, um ihre wahre Identität zu entdecken und die dunklen Geheimnisse ihrer Vergangenheit zu lüften.

Im Traum hatte ihre Mutter ihr auch gesagt, dass in dieses Buch der Weisheiten auch das Wissen enthält, das Elara benötigt, um ihre Vergangenheit zu verstehen und die Rätsel ihrer Herkunft zu lösen.

Mit diesem Ziel vor Augen begab sich Elara auf eine abenteuerliche Suche. Sie durchstreift alte Bibliotheken, besucht verlassene Klöster und spricht mit weisen alten Menschen, die ihr Hinweise auf den Verbleib des Buches geben können. Während ihrer Reise stieß sie auf zahlreiche Hindernisse und Gefahren, doch ihre Entschlossenheit und der Glaube an die Worte ihrer Mutter treiben sie voran.

Eines Tages, als sie durch einen dunklen Wald wanderte, begegnete sie einem alten, weisen Eulenwesen. Die Eule sprach mit einer sanften, aber mächtigen Stimme und sagte: "Elara, um den Schatz zu finden, musst du drei Prüfungen bestehen. Jede Prüfung wird deine Stärke, deinen Mut und dein Herz auf die Probe stellen."

Die erste Prüfung führte Elara zu einem tiefen, verwunschenen See. Dort musste sie eine magische Perle finden, die am Grund des Sees verborgen war. Am Ufer des Sees traf sie einen alten freundlichen Fischer. Mit seiner Hilfe tauchte Elara in die Tiefen des Sees und fand nach vielen Tauchversuchen die geheimnisvolle Perle.

Der Fischer, ein weiser und gutherziger Mann, war von Elaras Entschlossenheit und ihrer Mission tief berührt. Als Zeichen seiner Anerkennung und zu ihrem Schutz schenkte er ihr einen goldenen Ring, der seit Generationen in seiner Familie weitergegeben wurde. Der Fischer sagte zu Elara: „Dieser Ring wird dich beschützen und dir Macht geben. Wenn du ihn mit der magischen Perle verbindest, wirst du aus der großen Kraft des Wassers schöpfen können." Elara nahm den Ring dankbar an und versprach, ihn gut zu hüten. Mit dem Ring und der Perle in ihrem Besitz fühlte sie sich gestärkt und bereit, die weiteren Herausforderungen auf ihrem Weg zu bestehen.

Die zweite Prüfung führte Elara zu einem gewaltigen Gebirge. Auf dem Gipfel des höchsten dieser Berge, der in den Wolken verborgen war, sollte ein goldener Reif vergraben sein. Dieser Reif und der Ring könnten ihr die Stärke verleihen, die nächste Prüfung lösen zu können.

Auf dem Weg nach oben, als sie an einer vom Sturm zerzausten Holzhütte am Fuße des Berges vorbeikam, traf sie auf einen Berggänger, der eher einem geheimnisvollen Berggeist glich. Dieser unheimliche Wächter behütete den Berg und all seine verborgenen Zugänge. Unerschrocken sprach Elara mit dem Berggänger und erzählte ihm von ihrer Mission. Beeindruckt von ihrem Mut, ihrer Entschlossenheit und ihrem reinen Herzen, ließ er sie passieren und begleitete sie auf dem gefahrenvollen Weg bis zum Gipfel.

Nach langer mühevoller Suche fand Elara eine im grauen Dunst stehende Steinpyramide. Scharf fegte der Sturm um dieses vernebelte geheimnisvolle Bauwerk, als wollte er jegliche Kreatur von diesem Ort vertreiben. Mit Hilfe des Berggängers fanden die Beiden den Zugang zur Pyramide und tief im Inneren verborgen den güldenen Reif.

Unter der Führung des Berggängers begaben sie sich auf den langen und mühseligen Rückweg zur Holzhütte am Fuße des Berges. Während Nebelschwaden und eisiger Wind sie beim Abstieg umgaben, erschien Elara erneut das alte weise Eulenwesen und flüsterte ihr zu: „Bei der letzten großen Prüfung denke daran, die von dir entdeckten Insignien der Macht eng am Körper zu tragen, so wirst du das letzte Rätsel lösen können."

Endlich gelangte der Berggänger und Elara zur Hütte. Drystan, so hieß der er, lud Elara zu einem heißen Tee in seine Hütte ein. Nach den Anstrengungen des Berggangs brauchten die Beiden etwas Ruhe. Drystan begann etwas über sich zu berichten. Er sei vor vielen Jahren aus dem walisischen hier her gekommen. Der Beiname Drystan wurde ihm gegeben, weil er in den großen Schlachten im Norden alles verloren habe, Haus, Land seine Frau und Kinder. Untröstlich war er und die Freunde gaben ihm daher den Beinamen Drystan, was so viel wie „Kummer" oder „Traurigkeit" bedeutete. Doch nichts konnte ihn in der Heimat halten, es zog ihn fort in die Ferne, weit fort von den grausigen Ereignissen und allem was ihn daran erinnert. Nach vielen Jahren der Suche, der Abenteuern und Hindernissen gelangte Drystan endlich zu diesem geheimnisumwobenen Ort und fand hier seinen Frieden.

Die lange Pause und die Gespräche mit Drystan gaben Elara viel Kraft und Zuversicht. Zum Abschied wies Drystan eindringlich darauf hin, dass Elara den Magischen Reif siebenmal reiben müsse, damit sich dessen Macht entfalten könne. So wird sich der Nebel lichten und für Sie die Sicht freigeben. Elara dankte Drystan herzlich für die Hilfe und die Gastfreundschaft. Sie hatte erkannt das Drystan mit seiner Melancholie und Weisheit ich viel Kraft gegeben hatte und dieser geheimnisvolle Berggeist auf ihrer gefährlichen Reise ein guter Begleiter war.

Nach langer Wanderung durch grüne Auen und tiefe Wälder führte sie der Weg zur dritten und letzten Prüfung. Eine alte, verlassene Burgruine erhob sich vor Elara inmitten eines dunklen Eichenhains. Diese geheimnisvolle Burg war von einem tiefen, breiten Burggraben umgeben, der jegliche Annäherung von Eindringlingen erschweren sollte. Es gab weder eine Brücke noch einen anderen Übergang. Doch Elara musste hinüber, um einen geheimen Raum zu finden, der nur durch das Lösen eines uralten Rätsels zugänglich war.

Mit einer Mischung aus Mut und Weisheit stellte sich Elara dieser letzten Herausforderung, fest entschlossen das Geheimnis der alten Burgruine zu lüften und das Rätsel zu lösen, das noch zwischen ihr und dem verborgenen Schatz stand.

Das erste Hindernis, einen tiefen Graben, konnte Elara mit der Perle und des Ringes des alten Fischers überwinden. Der Ring und die Perle zeigten ihr eine seichte Stelle im Burggraben, durch die sie sicher zur Burg gelangen konnte. Auf der Burginsel traf Elara auf einen Einsiedler, mit dem sie sich schnell anfreundete. Mit ihrem scharfen Verstand und der Hilfe des Einsiedlers löste Elara das Rätsel und fand den letzten Hinweis auf einen verwunschenen Ort. Hoch über der Burg, versteckt unter den Zinnen des alten Wachturms lag ein geheimnisvoller Raum. Der Zugang zu diesem Raum war gut versteckt und nur denjenigen zugänglich, die die verborgenen Pfade der Burg kannten. Die uralte Überlieferung besagte, dass nur durch das Reiben an dem güldenen Reif mit der magischen Zahl 7 der Eingang zu diesem mystischen Raum sichtbar werden würde.

Über Jahrhunderte hinweg rankten sich Legenden um diesen mystischen Ort, der angeblich uralte Geheimnisse und mächtige Artefakte beherbergen sollte.

Der Raum selbst war in tiefem Schatten gehüllt und nur von einem spärlichen Lichtstrahl erhellt, der durch ein kleines, hochgelegenes Fenster fiel. Die Wände waren mit alten, verblassten Wandteppichen geschmückt, die Geschichten von längst vergangenen Zeiten erzählten. In einer Ecke des Raumes stand ein antiker Schreibtisch, dessen Oberfläche von einer dicken Staubschicht bedeckt war. Auf ihm lagen vergilbte Pergamente und geheimnisvolle Schriftrollen, die darauf warteten, von einem wagemutigen Entdecker entschlüsselt zu werden.

Der Hauch des Unbekannten und die Aura der Vergangenheit machten diesen Raum zu einem Ort, an dem das Unfassbare greifbar schien. Hier, inmitten der alten Mauern, konnte man förmlich die Anwesenheit der Geister der Vergangenheit spüren und die stillen Flüstereien der Jahrhunderte vernehmen.

Unter den vergilbten Pergamenten und geheimnisvollen Schriftrollen fand Elara schließlich das Buch der Weisheit. Als sie die Seiten des Buches durchblätterte, enthüllen sich ihr die Geheimnisse ihrer Familie und die Wahrheit über den tragischen Tot der Mutter. Sie erfuhr von den gefährlichen Machenschaften, in die ihre Eltern verwickelt wurden, über den frühen Tot des Vaters und der heimtückischen Ermordung ihrer Mutter.

Elaras Eltern waren in eine gefährliche Verschwörung verwickelt, die weit über das kleine Dorf in Ungarn hinausging. Ihr Vater, ein mutiger Mann mit einem starken Gerechtigkeitssinn, hatte entdeckt, dass eine mächtige Gruppe dunkler Magiere versuchte, die alten magischen Kräfte der Wälder für ihre eigenen bösen Zwecke zu missbrauchen. Diese Gruppe wollte die Magie nutzen, um die Welt zu beherrschen und ihre Macht zu vergrößern.

Elaras Vater wusste, dass er etwas unternehmen musste, um diese Machenschaften zu stoppen. Gemeinsam mit Elaras Mutter, einer mächtigen Heilerin und Hüterin alter Geheimnisse, versuchte er, die Pläne der dunklen Magiere zu durchkreuzen. Sie sammelten Beweise und suchten nach Verbündeten, um gegen die Bedrohung vorzugehen.

Doch die dunklen Magiere waren skrupellos und gingen über Leichen, um ihre Ziele zu erreichen. Sie entdeckten, dass Elaras Eltern ihnen auf die Spur gekommen waren, und beschlossen, sie zum Schweigen zu bringen. Elaras Vater wurde bei einem heimtückischen Angriff getötet, als er versuchte, wichtige Informationen an seine Verbündeten weiterzugeben.

Elaras Mutter wusste, dass sie und ihre Tochter in großer Gefahr schwebten. Sie versteckte das Buch der Weisheit, das die Geheimnisse und das Wissen ihrer Familie enthielt, an einem sicheren Ort in den Wäldern Ungarns. Doch bevor sie sich und Elara in Sicherheit bringen konnte, wurde sie von den dunklen Magiern vergiftet.

Elara erfuhr all dies, als sie die Seiten des Buches der Weisheit durchblätterte. Die Wahrheit über den tragischen Tod ihrer Eltern und die gefährlichen Machenschaften, in die sie verwickelt waren, wurde ihr offenbart.

Mit dem Wissen aus dem Buch der Weisheit und der Unterstützung neuer Freunde stellt sich Elara den Herausforderungen ihrer Vergangenheit. Sie findet nicht nur ihre wahre Identität, sondern auch den Frieden, den sie so lange gesucht hat.

Auch Ihre Rückreise nach Deutschland war lang und voller Herausforderungen. Sie musste wieder durch dichte Wälder wandern, reißende Flüsse überqueren und steile Berge erklimmen. Doch Elara war tapfer und ließ sich auf ihrem Weg nach Hause nicht aufhalten.

Mit dem Buch in ihrem Gepäck kehrte Elara in ihre Heimatstadt zurück. Die Adoptiveltern waren überglücklich sie wiederzusehen, und feierten ihre Rückkehr mit einem großen Fest.

Elara nutzte die Weisheit und die Magie des Buches, um das Leben der Menschen in ihrer Stadt zu verbessern. Sie heilte die Kranken, half den Bedürftigen und brachte Frieden und Freude in die Herzen aller. Sie lebte fortan glücklich und zufrieden in ihrer Stadt, umgeben von Freunden und Familie. Sie wusste, dass sie das Erbe ihrer Mutter bewahrt und ihre Bestimmung gefunden hatte. Und so wurde Elara, das kleine ungarische Mädchen, das einst seine Mutter verloren hatte, von den Menschen die Lichtbringerin genannt. Unter diesem Namen verbreitete sich ihr Ruf als Heilerin und Beschützerin der Schwachen. Die Menschen erzählten sich Geschichten über ihre Taten und die Magie, die sie aus den Wäldern schöpfte. So wurde Elara zu einer Legende, deren Wohltaten und Weisheit noch lange in Erinnerung bleiben.

Aus der Sage der Lichtbringerin können wir wichtige Lektionen lernen:

Mut und Entschlossenheit: Elara zeigt großen Mut und Entschlossenheit, als sie sich auf die Reise begibt, um das Erbe ihrer Mutter zu finden. Diese Geschichte lehrt uns, dass wir Herausforderungen annehmen und uns unseren Ängsten stellen sollten, um unsere Ziele zu erreichen.

Selbstlosigkeit und Mitgefühl: Elara nutzt die Weisheit und Magie des Buches, um das Leben der Menschen in ihrer Stadt zu verbessern. Sie heilt die Kranken und hilft den Bedürftigen, was zeigt, wie wichtig es ist, Mitgefühl und Selbstlosigkeit zu zeigen und anderen zu helfen.

Die Bedeutung von Prüfungen: Die drei Prüfungen, die Elara bestehen muss, symbolisieren die Herausforderungen, die wir im Leben meistern müssen. Diese Prüfungen testen ihre Stärke, ihren Mut und ihr Herz, und zeigen, dass wir durch Schwierigkeiten wachsen und uns weiterentwickeln können.

Die Kraft der Natur und der Magie: Elara hat eine tiefe Verbindung zur Natur und zur Magie der alten Wälder. Diese Geschichte erinnert uns daran, wie wichtig es ist, die Natur zu respektieren und die Weisheit, die sie uns bietet, zu schätzen.

Erbe und Bestimmung: Elara bewahrt das Erbe ihrer Mutter und findet ihre eigene Bestimmung als Heilerin und Beschützerin der Schwachen. Diese Sage lehrt uns, dass es wichtig ist, unsere Wurzeln und unser Erbe zu ehren und unseren eigenen Weg im Leben zu finden.

Gemeinschaft und Zusammenhalt: Die Stadtbewohner feiern Elaras Rückkehr und profitieren von ihrer Weisheit und Magie. Diese Geschichte zeigt, wie wichtig Gemeinschaft und Zusammenhalt sind und wie wir gemeinsam stärker und glücklicher sein können.

Diese Lektionen aus der Sage der Lichtbringerin können uns inspirieren, mutig, mitfühlend und entschlossen zu sein, während wir unseren eigenen Weg im Leben finden und anderen helfen.

HOCH GEBOREN

Hoch geboren hoch zu Rosse hoch geehrt kommst du daher,

tief gebeuget tief im Schatten tief vergrollt grüßt dich Mancher.

Helle Stimmen, helle Freude helle Sonn' begleiten dich,

finstre Gassen, finstre Menschen finstre Gedanken kennst du nicht.

Keine Sorgen keine Nöte keine Armut sahst du je,

jede Kritik jede Weisung jede Meinung tut dir weh.

Große Freude, große Trauer große Kraft - dir nicht bekannt,

kleine Spielchen, kleine Liebe, kleine Weit formt dein' Verstand.

Um es ehrlich dir zu sagen, oh du hochgeborner Mann,

in der Welt realer Kräfte man auf dich verzichten kann.

Ich mag nicht dein Richter sein hast auch so der Ächter viele,

die zu allem sagen nein, treten ist ihr einzig Wille.

Darum sollte ich eigentlich bedauern dich.

FERNWEH

Im Auge ein strahlendes Leuchten,

den Sinn in die Ferne hinaus,

ein wenig noch Wehmut im Herzen,

doch den Blick fest und nur geradeaus.

Die Eiche rauscht mir nun zum Abschied,

der Turm grüßt zum letzten Mal.

Ein Kuss von der Mutter, komm' Wieder

und knote dir auch fest zu den Schal.

Mit Vaters Segen und Mutters Sorgen

zieh' ich nun hinaus in die Welt.

Zu eng ist's geworden zu Hause,

kein Liebes mich hier noch festhält.

Der Sturm reißt mich von eurer Seite,

die Sehnsucht, sie führt mich hinaus.

Das Fremde es lockt mit Abenteuer

und rufet, ach komme zu mir heraus.

VOM BURSCHEN FELIX

Ein junger Bursche namens Felix, lebte in einer kleinen Stadt am Ufer eines großen Stromes. Es wurde ihm mit der Zeit immer langweiliger in dem verschlafenen Städtchen und er war neugierig auf das, was wohl da Draußen geschah. Die Abenteuerlust packte ihn und immer stärker wurde die Sehnsucht hinaus in die Welt zu gehen. Er liebte sein Zuhause, seine Familie und die Freunde, doch der Drang in die Ferne wurde immer stärker.

Eines Tages, als die Sonne am Horizont aufging, beschloss Felix, dass es an der Zeit war, seinen Heimatort zu verlassen um die Welt zu erkunden. Mit einem strahlenden Leuchten in seinen Augen aber auch einem Hauch von Wehmut im Herzen, machte er sich auf den Weg. Die alte Eiche am Rand des Dorfes rauschte ihm zum Abschied, und auch der Kirchturm grüßte ihn ein letztes Mal. Seine Mutter gab ihm einen Kuss und sagte: "Komm bald wieder, mein Sohn und mach keine Dummheiten im fremden Land".

Mit dem Segen seines Vaters und den Sorgen seiner Mutter zog Felix hinaus in die Welt. Das Dorf war ihm zu eng geworden, und nichts hielt ihn mehr dort fest. Der Sturm der Abenteuerlust riss ihn von seiner Familie weg, und die Sehnsucht nach dem Unbekannten führte ihn in die Ferne hinaus.

So begab sich Felix auf eine lange Wanderschaft, um die Welt zu erkunden und ein Handwerk zu erlernen. Er war fest entschlossen, aus jeder Erfahrung und Begegnung zu lernen und sein inneres Wissen zu bereichern.

Felix wanderte über weite Heideflächen, unwegsamer Moore und durch tiefe dunkle Wälder. Er überquerte reißende Flüsse und musste hohe Berge erklimmen. Fremde und riesige Städte lagen auf seinem Weg. Überall, wo er hinkam, traf er auf neue Freunde und erlebte aufregende Abenteuer.

Auf seiner Reise traf Felix viele verschiedene Lehrer, die ihm ihre Weisheiten und Fähigkeiten vermittelten. Einer dieser Lehrer war ein alter Schmied, der ihm die Kunst des Schmiedens beibrachte. Felix lernte, wie man Metall formt und Werkzeuge herstellt, und er erkannte, dass Geduld und Präzision entscheidend sind, um Meisterwerke zu schaffen.

Ein anderer Lehrer war ein weiser Zimmermann, der ihm zeigte, wie man Holz bearbeitet und stabile Strukturen baut. Felix lernte, dass es wichtig ist, die Eigenschaften des Materials zu verstehen und mit Sorgfalt und Respekt zu arbeiten. Diese Erkenntnisse prägten seinen Charakter und machten ihn zu einem achtsamen und gewissenhaften Handwerker.

Doch nicht alles auf Felix' Reise verlief reibungslos. Er erlebte viele Rückschläge und Misserfolge. Einmal versuchte er, ein kompliziertes Möbelstück zu bauen, doch es brach unter seinem eigenen Gewicht zusammen. Statt sich entmutigen zu lassen, analysierte Felix seine Fehler und zog die richtigen Schlüsse daraus. Er erkannte, dass er die Grundlagen besser beherrschen musste, bevor er sich an komplexe Projekte wagte.

Ein anderes Mal verlor Felix all seine Ersparnisse, als er in eine Falle von Betrügern geriet. Auch hier lernte er eine wertvolle Lektion: Er musste vorsichtiger und wachsamer sein, um nicht wieder Opfer von Betrug zu werden. Diese Erfahrungen machten ihn stärker und klüger.

Mit der Zeit sammelte Felix immer mehr Wissen und Fähigkeiten. Er wurde zu einem geschätzten Handwerker, der für seine Präzision und seine Weisheit bekannt war. Die Menschen bewunderten nicht nur seine handwerklichen Fähigkeiten, sondern auch seine innere Stärke und seine Fähigkeit, aus Rückschlägen zu lernen.

Felix' Reise war eine Reise der Selbstentdeckung und des Wachstums. Er erkannte, dass wahres Wissen nicht nur aus Büchern und Lehrern stammt, sondern auch aus den Erfahrungen, die man selbst im Leben macht. Jede

Herausforderung und jeder Rückschlag war eine Gelegenheit, zu lernen und zu wachsen.

Er erkannte nun immer mehr, dass alles was er gelernt, gesehen und erfahren hatte, ihn festigte und sein eigenes inneres Wissen aufschloss und ihm Zunutze stand. Diese Erkenntnis und Reflexion zeigte ihm, dass seine Erfahrungen und das Gelernte nicht isoliert sondern miteinander verbunden und bedeutungsvoll sind. Diese Reflexion führt zu einem tieferen Verständnis seiner selbst und seiner Fähigkeiten.

Jede Herausforderung, jedes Hindernis und jede Lektion hat dazu beigetragen, seine innere Stärke und Resilienz zu entwickeln.

Diese Festigung bedeutet, dass er nun besser in der Lage war, zukünftige Herausforderungen zu meistern.

Durch das Sammeln dieser Erfahrungen und des Wissen fand Felix Zugang zu seinem eigenen inneren Wissen. Dieses innere Wissen ist eine Kombination aus Intuition, Weisheit und den Lehren, die er aus seinen Erfahrungen gezogen hat. Es ist ein tiefes Verständnis, das weit über das oberflächliche Wissen hinausgeht.

Das von Felix gewonnene Wissen und die Erfahrungen sind nicht nur theoretisch, sondern praktisch anwendbar. Er kann zukünftig dieses Wissen nutzen, um bessere Entscheidungen zu treffen, Probleme zu lösen und sein Leben positiv zu gestalten. Es ist ein Werkzeug, das ihm in verschiedenen Lebenssituationen zugutekommt. Diese Entwicklung von Felix war nicht nur intellektuell, sondern auch emotional und spirituell und er ist daran gewachsen. Sie führt zu einem erfüllteren und bewussteren Leben. Doch trotz all der neuen Erfahrungen und Freunde, die er fand, spürte Felix immer mehr eine leise Sehnsucht nach Hause.

Eines Tages, als Felix auf einem hohen Berg stand und in die Ferne blickte, erkannte er, dass die größte Herausforderung für ihn nun darin bestand, zu seinen Wurzeln zurückzukehren. Mit einem neuen Verständnis für die Welt und einem Herzen voller Geschichten machte er sich auf den Weg zurück in seinen Heimatort.

Reich an Erfahrungen und Erkenntnissen schloss er seine Wanderschaft ab. Er wusste, dass er noch viel zu lernen hatte, aber er war bereit, sich jeder neuen Herausforderung zu stellen. Denn er hatte gelernt, dass das Leben selbst der größte Lehrer ist.

Als Felix zurückkehrte, wurde er von seiner Familie und den Bewohnern der kleinen Stadt herzlich empfangen. Er erzählte ihnen von seinen Abenteuern und den Wundern, aber auch von den Erkenntnissen.

Obwohl er die Welt erkundet hatte, wusste Felix nun, dass sein wahres Zuhause immer bei seiner Familie und in seiner Heimatstadt sein würde. Von da an lebte Felix glücklich und zufrieden, wissend, dass er die Freiheit hatte, die Welt zu erkunden, aber auch immer einen Ort hatte, an den er zurückkehren konnte.

Aus der Fabel vom Burschen Felix können wir wichtige Lektionen lernen:

Neugier und Abenteuerlust: Felix' Sehnsucht, die Welt zu erkunden, zeigt uns, wie wichtig es ist, neugierig zu bleiben und neue Erfahrungen zu suchen. Abenteuerlust kann uns helfen, über unsere Komfortzone hinauszuwachsen und neue Perspektiven zu gewinnen.

Mut zur Veränderung: Felix entschied sich, seine vertraute Umgebung zu verlassen, um die Welt zu entdecken. Diese Entscheidung erfordert Mut und zeigt, dass es manchmal notwendig ist, Risiken einzugehen, um persönliche Entwicklung und Wachstum zu ermöglichen.

Wertschätzung von Heimat und Familie: Obwohl Felix seine Heimatstadt und seine Familie liebte, fühlte er den Drang, hinaus in die Welt zu gehen. Diese Fabel erinnert uns daran, dass wir unsere Wurzeln und die Menschen, die uns wichtig sind, schätzen sollten, auch wenn wir uns auf neue Abenteuer einlassen.

Abschied und Wehmut: Der Abschied von seiner Mutter und der vertrauten Umgebung zeigt, dass Veränderungen oft mit Wehmut und Traurigkeit verbunden sind. Es ist wichtig, diese Gefühle zu akzeptieren und zu verstehen, dass sie Teil des Lebens sind.

Selbstfindung: Felix' Reise symbolisiert die Suche nach sich selbst und dem eigenen Platz in der Welt. Jeder von uns hat eine individuelle Reise, auf der wir uns selbst besser kennenlernen und unsere Ziele und Träume verfolgen.

Diese Fabel lehrt uns, dass das Leben eine Balance zwischen dem Streben nach neuen Erfahrungen und der Wertschätzung unserer Wurzeln und Beziehungen erfordert. Es ermutigt uns, mutig zu sein und unseren eigenen Weg zu finden, während wir die Menschen und Orte, die uns wichtig sind, nicht vergessen.

EIN FEUER

Ein Feuer ist entfacht mir mit hell loderndem Schein,

ein stolzes hohes Denken zerbricht des Alltags Quälerein.

Hebt schwindelnd hoch vom Dasein erhaben mir das Sinnen,

zeigt mir in lichten Farben verworrenen Weg

und tapferes Neubeginnen.

Kaum' wag' ich's auszusprechen zu dreist erschein ich mir,

der Welt noch heut' zu künden,

lasst ab von wilder Hast und räuberischer Gier.

Oh Welt moderner Menschen, du strebst nach goldenem Hort

stillst deines Machtes Hunger

und treibst Besonnenheit und labend Ruhe fort.

Was nützt den schon den Menschen,

der Kampf um Rang und Geld,

dem Schicksal kann entfliehen,

nicht mal der mutigste und allergrößte Held.

Gezählt sind alle Tage von unbekannter Macht

und jeden wird besuchen,

den keiner haben will und der doch letztlich lacht.

Besinn' dich drum zur Ruhe besinn' dich auf deinen Geist,

lass Lärm und Kampf verstummen und lerne wieder Leben,

was wirklich leben heißt.

ANNA UND LUKAS

Eine verlorene Liebe

In einer kleinen Stadt, umgeben von sanften Hügeln und dichten Wäldern, lebten zwei junge Menschen, Anna und Lukas. Ihre gegenseitige Zuneigung begann schon in ihrer Schulzeit.

Schon damals spürten sie eine besondere Verbindung zueinander, die sich im Laufe der Jahre immer weiter vertiefte. Ihre Geschichte ist geprägt von gemeinsamen Erlebnissen, Herausforderungen und Momenten der Freude.

Das erste Treffen

Anna und Lukas trafen sich zum ersten Mal in der fünften Klasse. Sie saßen nebeneinander im Klassenzimmer und tauschten schüchterne Blicke aus. Schon bald merkten sie, dass sie viele gemeinsame Interessen hatten. Sie liebten es, zusammen zu lernen, zu lachen und die Pausen miteinander zu verbringen. Ihre Freundschaft wuchs und wurde zu einer festen Konstante in ihrem Leben.

Der erste gemeinsame Ausflug

Eines Tages beschlossen Anna und Lukas, einen gemeinsamen Ausflug in den nahegelegenen Wald zu machen. Sie packten ihre Rucksäcke mit Proviant und machten sich auf den Weg. Während sie durch den Wald wanderten, entdeckten sie eine versteckte Lichtung, die von Sonnenstrahlen durchflutet war. Sie setzten sich ins Gras, genossen die Ruhe und erzählten sich von ihren Träumen und Wünschen. Dieser Ausflug war ein unvergesslicher Moment, der ihre Verbindung noch stärker machte.

Oft begegneten sie sich nun auch vor Schulbeginn in den frühen Morgenstunden, als die ersten Sonnenstrahlen die dunklen Schatten der Nacht

vertrieben. Sie trafen sich am Flussufer, wo sie gemeinsam den Sonnen-
aufgang beobachteten und von einer gemeinsamen Zukunft träumten.

Die erste Herausforderung

Als sie älter wurden, mussten Anna und Lukas auch Herausforderungen
meistern. In der Oberstufe standen sie vor der schwierigen Entscheidung,
welche berufliche Richtung sie einschlagen wollten. Lukas wollte Ingenieur
werden, während Anna von einer Karriere als Ärztin träumte. Obwohl ihre
Wege sich zu trennen schienen, unterstützten sie sich gegenseitig und
halfen einander, die richtigen Entscheidungen zu treffen. Ihre Zuneigung
und ihr Vertrauen zueinander halfen ihnen, diese schwierige Zeit zu über-
stehen.

Der erste Kuss

Eines Abends, nach einem langen Tag voller Lernen und Gespräche, saßen
Anna und Lukas auf einer Bank im Park. Die Sterne funkelten am Himmel,

und eine sanfte Brise wehte durch die Bäume. In diesem magischen Moment blickten sie sich tief in die Augen und spürten, dass ihre Freundschaft zu etwas Größerem geworden war. Sie näherten sich einander und teilten ihren ersten Kuss. Dieser Augenblick war der Beginn einer neuen Phase in ihrer Beziehung.

Der Weg ins's Abenteuer

Nach dem Abitur beschlossen Anna und Lukas, gemeinsam eine Reise durch Europa zu machen. Sie wollten neue Orte entdecken, verschiedene Kulturen kennenlernen und unvergessliche Abenteuer erleben. Während ihrer Reise besuchten sie historische Städte, wanderten durch atemberaubende Landschaften und trafen interessante Menschen. Diese Reise stärkte ihre Bindung und zeigte ihnen, dass sie gemeinsam alles erreichen konnten.

Doch eines Tages, als die Nacht längst vergangen war und der Hahnenschrei verklungen, begann sich etwas zu verändern. Lukas, der immer voller Lebensfreude und Neugierde war, begann sich zurückzuziehen. Er konnte den neuen Tag nicht mehr mit der gleichen Begeisterung begrüßen wie zuvor. Anna bemerkte die Veränderung in ihm und versuchte ihn aufzumuntern, doch ihre Bemühungen schienen vergeblich.

Die Morgensonne, die einst ihre Liebe erhellte, konnte die dunklen Schatten in Lukas' Herzen nicht mehr vertreiben. Die leuchtenden Farben des Lebens waren von ihm gewichen und die einst strahlenden Augen nur noch matt. Was ihm blieb waren nur noch die grauen und dumpfen Zwänge um ihn herum.

Quälend bohrten sich immer mehr Fragen in Lukas' Gedanken: "Ist es das gewesen? Was verpasse ich hier?" Diese Fragen ließen ihm keine Ruhe und nagten an seinem Herzen. Er fühlte sich gefangen in einem Leben, das ihm plötzlich fremd und bedeutungslos erschien. Die Ungewissheit über das, was die Welt außerhalb seiner kleinen Stadt zu bieten hatte, wurde unerträglich. Anna versuchte, ihm neuen Mut zu geben und ihm zu zeigen, dass sich das Böse zum Guten wenden kann, doch Lukas konnte es nicht sehen.

Die falsche Entscheidung

Eines Tages, als die Sonne am Horizont aufging, entschied Lukas, dass er die Stadt verlassen musste, um seinen eigenen Weg zu finden. Mit einem schweren Herzen verabschiedete er sich von Anna, die ihn mit Tränen in den Augen ansah. "Komm bald wieder, mein Liebster, und finde das Licht in deinem Leben", flüsterte sie ihm zu.

Lukas wanderte durch die Welt, immer auf der Suche nach dem, was ihm fehlte. Doch die Sehnsucht nach Anna und die Erinnerungen an ihre gemeinsamen Sonnenaufgänge ließen ihn nie los. Er erkannte, dass er das Licht, das er suchte, bereits gefunden hatte – in Annas Liebe. Doch als er zurückkehrte, war es zu spät. Anna war fort, und die Stadt, die einst ihr Zuhause war, fühlte sich leer und verlassen an.

Lukas verbrachte den Rest seines Lebens damit, die verlorene Liebe zu betrauern und sich immer wieder an die Tage zu erinnern, als die Morgensonne ihre Herzen erhellte. Er wusste, dass er die Chance auf Glück verpasst hatte, weil er nicht bereit war, das Gute im Leben zu sehen und zu wollen. Die quälenden Fragen, die ihn einst in die Ferne getrieben hatten, blieben unbeantwortet und hinterließen eine Leere, die er nie mehr füllen konnte.

Aus der traurigen Liebesgeschichte von Anna und Lukas können wir wichtige Lektionen lernen:

Wertschätzung des Augenblicks: Es ist wichtig, die Momente und Menschen in unserem Leben zu schätzen, solange wir sie haben. Lukas erkannte zu spät, dass er das Licht, das er suchte, bereits in Annas Liebe gefunden hatte.

Offenheit für das Gute: Manchmal sind wir so sehr auf das Negative fokussiert, dass wir das Gute in unserem Leben nicht sehen. Lukas konnte die leuchtenden Farben des Lebens nicht mehr wahrnehmen, weil er von seinen eigenen Zweifeln und Ängsten überwältigt war.

Mut zur Veränderung: Veränderungen können beängstigend sein, aber sie sind oft notwendig, um persönliches Wachstum zu ermöglichen. Anna versuchte, Lukas neuen Mut zu geben und ihm zu zeigen, dass sich das Böse zum Guten wenden kann, doch er musste es selbst wollen.

Selbstreflexion: Es ist wichtig, sich selbst und seine Bedürfnisse zu verstehen. Lukas' quälende Fragen nach dem, was er verpasst, trieben ihn in die Ferne, aber letztendlich erkannte er, dass er das, was ihm fehlte, bereits hatte.

Kommunikation und Unterstützung: In einer Beziehung ist es wichtig, offen über Gefühle und Ängste zu sprechen und sich gegenseitig zu unterstützen. Anna versuchte, Lukas zu helfen, aber er zog sich zurück und konnte ihre Unterstützung nicht annehmen.

Diese Geschichte erinnert uns daran, wie wichtig es ist, die Liebe und das Glück in unserem Leben zu erkennen und zu schätzen, bevor es zu spät ist.

SCHIMMERNDE HOFFNUNG

Die finstre Nacht ist längst vorbei, verklungen ist der Hahnenschrei,

doch du - du willst nicht finden.

Nicht Finden in den jungen Tag, der dir vielleicht viel Neues sagt,

viel Neues übers Leben.

Siehst du nicht wie die Morgensonn'

verdrängt die dunklen Schatten schon,

in rot und goldner Weise.

Siehst du nicht wie die Farb' schwarz-grau verliert an hellen leuchtend
blau, all Ihre dumpfen Zwänge.

So seie auch voll neuem Mut, es wendet sich das Bös' zum Gut',

doch du - du musst es wollen

Als Wesen klein kam er zur Welt

mit großen Augen schauend.

Der Mutters lieb', des Vaters Freud',

auf sicheren Boden bauend.

In Jugendblüte suchte er

der Freiheit lockend Brücken.

Und sieht am End' mit weisem Blick,

auf seines Weges Stücken.

Wohl harte Zeit, wohl heißes Sehnen,

wohl karger Lohn, wohl reiches Nehmen.

Die Uhr, sie Läuft mit stetem Schritt.

Halt sie nicht auf, geh einfach mit.

AN DER SCHWELLE

Von allen verlassen in trostlos letzter Stunde,

verbittert und einsam geht mancher zugrunde.

Stehet er sodann an der magischen Schwelle,

würgende Furcht überfällt ihn erstickend,

gleich eine mächtige Welle.

Was nach dieser Schwelle erwarten ihn kann,

darüber liegt wohl ein unsichtbar wirkender Bann

Doch in der Dunkelheit, ein Lichtstrahl sich zeigt,

ein Hoffnungsschimmer, der die Angst vertreibt.

Ein leises Flüstern, eine sanfte Hand,

führt nun behutsam in ein neues Land.

Die Seele, die einst in Kummer und Schmerz,

sie findet nun Frieden und Stille im Herz.

Ein neuer Anfang, ein strahlendes Sein,

jenseits der Schwelle, im ewigen Schein.

NATUR

NATUR

Saftig grün erscheint die Wiese, leuchtend hell das Firmament.

Lautlos streicht kühlende Briese, schön ist was man Natur nennt.

Milde wärmend schenkt die Sonne allem Leben ihre Kraft.

Jung und Alt entzückt die Wonne, alles steht im besten Saft.

Mancherlei Getier auf Erden, labet sich im Sonnenschein.

Viele die bald Paare werden, drollig nun um Partner frein'.

Abends wenn am Horizonte, brennend geht die Sonn' zur Ruh.

Schließet wer heut leben konnte, frohgemut die Augen zu.

LEBENSLIED

Aus der Erden, der entsprossen alles Sein auf dieser Welt,

steigt heraus das Lied des Lebens während jung der Tag erhellt.

Mit der rot lodernden Scheibe steigert sich die Melodie,

füllt den Raum mit ihren Klängen, weckt die Lebenssymphonie.

Manchmal klingt es mild wie Summen, manchmal rau wie Donnerhall,

immer jedoch bleibt's natürlich, immer bleibt es frisch und frei.

Sinkt die lichte Scheibe wieder, in der Erden Grund,

werden leis' des Lebens Lieder, kaum vernehmbar ihre Kund.

Tief im dunklen nunmehr schlummert, jeden Tons Lebendigkeit,

bis erweckt das Licht des Tages diesen Sang der Ewigkeit.

EIN TON

Klingt ein Ton zu mir herüber, vom Thron Gottes wie mir scheint.

Klingt so hell so klar so sicher, dass mir fasst das Herze weint.

In der Stille dieser Stunde, fühle ich die Nähe sacht.

Eine tiefe, reine Liebe, die im Herzen Frieden macht.

Sanft umhüllt von Seiner Gnade, spüre ich den Himmelsschein.

Tränen fließen, doch vor Freude, nun bin ich nicht mehr allein.

Hoffnung keimt in meinem Innern, Wie ein Licht in dunkler Nacht.

Gottes Stimme, klar und sicher, hat mir neuen Mut gebracht.

JOHANN DER HILFSBEREITE

In einem kleinen Dorf, umgeben von grünen Wiesen und blühenden Gärten, lebte ein Mann namens Johann. Johann war bekannt für seine Freundlichkeit und sein strahlendes Lächeln, das die Herzen aller Dorfbewohner erwärmte. Er glaubte fest daran, dass Freundlichkeit Glück und Freude in das Leben der Menschen brachte. Jeden Morgen, wenn die Sonne aufging, machte sich Johann auf den Weg durch das Dorf, um den Menschen zu helfen. Er lächelte die Kinder an, die auf dem Weg zur Schule waren, und half den älteren Dorfbewohnern bei ihren täglichen Aufgaben. Johann fühlte die Wunder der Natur und schätzte die Geschenke, die sie uns allen machte.

Er lebte fröhlich in den Tag hinein und war stets hilfsbereit zu Jedermann. Er schenkte ohne zu fragen, ob er jemals etwas zurückbekommen würde. Für ihn war es das größte Glück, anderen eine Freude zu bereiten und ihnen zu helfen. Er wusste, dass das Leben begrenzt war und wollte seine Zeit nutzen, um Gutes zu tun. Johann war frei von Angst, Hass und dem Streben nach Besitz. Er lebte in innerer Ruhe und hatte ein heiteres Wesen. Er wusste, dass nichts schöner im Leben sein konnte, als ein freier

Mensch zu sein, der mit einem offenen Herzen und einem freundlichen Lächeln durch die Welt ging. Eines Tages, als Johann durch den Wald spazierte, traf er auf einen jungen Mann namens Lukas, der traurig und verloren wirkte. Johann setzte sich zu ihm und fragte, was ihn bedrückte. Lukas erzählte ihm von seinen Sorgen und Ängsten, und Johann hörte geduldig zu. Mit seiner freundlichen Art und seinen weisen Worten half Johann Lukas, seine innere Ruhe wiederzufinden und die Schönheit des Lebens zu erkennen. Lukas war tief berührt von Johanns Freundlichkeit und beschloss, sein Leben zu ändern. Er wollte ebenfalls ein freier Mensch sein, der anderen hilft und die Wunder der Natur schätzt. Gemeinsam gingen sie zurück ins Heimatdorf und halfen dort den Bedürftigen, Kinder, Alten und Kranken.

Die Dorfbewohner waren überglücklich, zwei so freundliche und hilfsbereite Menschen in ihrer Mitte zu haben.

Nach vielen Jahren brach Lukas von dort wieder auf um in seine Heimat zurückzukehren um auch dort den Menschen zu helfen. Johann und Lukas wurden zu einem Symbol der Freundlichkeit und des Mitgefühls, und ihre Taten verbreiteten sich weit über die Grenzen des Dorfes hinaus.

Aus der Geschichte von Johann können wir wichtige Lektionen lernen:

Freundlichkeit und Mitgefühl: Johann zeigt uns, wie wichtig es ist, freundlich und mitfühlend zu sein. Seine Taten der Freundlichkeit und sein strahlendes Lächeln erwärmen die Herzen der Menschen um ihn herum und machen das Leben für alle schöner.

Selbstlosigkeit: Johann hilft anderen, ohne eine Gegenleistung zu erwarten. Diese Selbstlosigkeit zeigt, dass wahres Glück oft darin liegt, anderen zu helfen und Freude zu bereiten.

Wertschätzung der Natur: Johann fühlt die Wunder der Natur und schätzt die Geschenke, die sie uns macht. Diese Wertschätzung erinnert uns daran, wie wichtig es ist, die Schönheit der Natur zu erkennen und zu bewahren.

Innere Ruhe und Zufriedenheit: Johann lebt in innerer Ruhe und hat ein heiteres Wesen. Diese innere Ruhe und Zufriedenheit sind wichtige Aspekte eines erfüllten Lebens.

Freiheit von negativen Emotionen: Johann ist frei von Angst, Hass und dem Streben nach Besitz. Diese Freiheit von negativen Emotionen zeigt, wie wichtig es ist, sich auf das Positive im Leben zu konzentrieren und negative Gefühle loszulassen.

Einfluss auf andere: Johann inspiriert Lukas, sein Leben zu ändern und ebenfalls freundlich und hilfsbereit zu sein. Diese Geschichte zeigt, wie unsere Taten und unser Verhalten andere positiv beeinflussen können.

Insgesamt lehrt uns die Geschichte von Johann, dass Freundlichkeit, Mitgefühl, Selbstlosigkeit und innere Ruhe wichtige Werte sind, die zu einem erfüllten und glücklichen Leben führen. Sie erinnert uns daran, dass wir durch kleine Taten des Guten die Welt um uns herum verändern können.

FREI SEIN

Freundlichkeit ist eine Zierde, derer die das Glück bedenkt.

Lächelnd fühlen wir die Wunder, welche uns die Natur geschenkt.

Fröhlich leben in die Tage, hilfreich sein zu Jedermann.

Schenken ohne je zu fragen, ob je was zurückkommen kann.

Frei zu sein in einem Leben, das doch nur begrenzt sein kann.

Frei von Angst von Hass und Streben, nach Besitz vom and'ren Mann.

Inn're Ruhe heit'res Wesen, Herzen die um Gunst dir frei'n.

Nichts kann schöner sein im Leben, als solch freier Mensch zu sein.

DER EINSAME BAUM

Mächtig ragen seine Fühler, in den Kosmos weit hinaus.

Tiefes Ahnen uns durchdringet, harren wir hier länger aus.

Menschenjahre kaum zu spüren, Zeit ist doch nur relativ,

magisch mutet sein Erscheinen, stolz und mächtig positiv.

Sterne leuchten in der Ferne, wie ein ewiges Gedicht,

flüstern leise sanft Worte, tragen uns ins Himmelslicht.

Kosmisches geheimes Raunen, das mein Herz ganz leicht berührt,

lässt mich Magisches erspüren, dass mich weit von Hinnen führt.

Prächtige Unendlichkeit, zeigt uns Wege, die wir gehen.

Leitet durch die dunklen Nächte, lässt uns neue Welten sehen.

Mächtig ragen seine Fühler, in den Kosmos weit hinaus

und wir folgen ihrem Weisen, finden Frieden, finden Halt.

DIE FLIEGER

Die Flieger fliegen nach Norden, sie haben ihr Werk getan.

Die Brücken und Mauern sind gestorben,

die Flieger fliegen nach Norden.

Die Flügel schwingen im Dämmer dahin,

die Stadt liegt im Stillen, mit Trauer im Sinn,

Die Menschen sie schweigen,

in Schmerz und in Leid.

Was gestern noch strahlte

ist finster und kalt.

GEDANKEN ZU EIGENEN GEDICHTEN

Willkommen in der Welt der Poesie, wo Worte zu Melodien werden und die Gedanken in Versen tanzen. In dieser Sammlung "Stürme der Seele" lade ich dich ein, die Tiefen deiner eigenen Kreativität zu erkunden und die Schönheit des Schreibens zu entdecken. Gedichte sind mehr als nur Worte auf Papier – sie sind Ausdruck unserer innersten Gefühle, unserer Träume und Hoffnungen, unserer Freude und unseres Leids.

Glück, Hoffnung, Lebensfreude, Liebe, Abenteuer und Freiheit – all diese Themen sind Quellen der Inspiration, die uns dazu anregen, unsere Gedanken und Emotionen in Worte zu fassen. Lass dich von diesen Themen leiten und finde deine eigene Stimme in der Poesie.

Ein ausgezeichneter Inspirator für eigene Verse und Gedichte könnte Joseph von Eichendorff sein. Er ist einer der bedeutendsten Dichter der deutschen Romantik und hat mit seinen Werken Generationen von Lesern und Schriftstellern inspiriert. Seine Gedichte und Erzählungen zeichnen sich durch eine tiefe Verbundenheit zur Natur, eine Sehnsucht nach Freiheit und eine romantische Verklärung des Lebens aus.

Eichendorffs Poesie ist geprägt von einer einzigartigen Mischung aus Melancholie und Lebensfreude, die den Leser in eine Welt voller Träume und Emotionen entführt. Seine Werke, wie das berühmte Gedicht "Mondnacht" oder die Novelle "Aus dem Leben eines Taugenichts", sind Meisterwerke der deutschen Literatur, die die Schönheit und Vergänglichkeit des Lebens einfangen. Seine lyrischen Bilder und musikalischen Verse laden dazu ein, die eigene Kreativität zu entfalten und die Welt durch die Augen eines Romantikers zu sehen.

Hier ist das Gedicht "Mondnacht" von Joseph von Eichendorff:

Mondnacht

Es war, als hätt' der Himmel Die Erde still geküsst,

Dass sie im Blütenschimmer von ihm nun träumen müsst'.

Die Luft ging durch die Felder, die Ähren wogten sacht,

Es rauschten leis die Wälder, so sternklar war die Nacht.

Und meine Seele spannte weit ihre Flügel aus,

flog durch die stillen Lande, als flöge sie nach Haus.

Erläuterungen:

"Mondnacht" ist eines der bekanntesten Gedichte von Joseph von Eichendorff und ein Meisterwerk der deutschen Romantik. Das Gedicht beschreibt eine nächtliche Szene, in der die Natur in eine magische Atmosphäre getaucht ist. Es vermittelt eine tiefe Verbundenheit zwischen Himmel und Erde, die durch den Kuss des Himmels symbolisiert wird.

Strophenweise Analyse:

Erste Strophe: Der Himmel küsst die Erde, was eine intime und harmonische Verbindung zwischen den beiden symbolisiert. Die Erde träumt im Blütenschimmer, was auf die Schönheit und den Frieden der Natur hinweist.

Zweite Strophe: Die Beschreibung der Natur setzt sich fort. Die Luft bewegt sich sanft durch die Felder, die Ähren wiegen sich, und die Wälder rauschen leise. Diese Bilder erzeugen eine ruhige und friedliche Stimmung, die durch die sternklare Nacht verstärkt wird.

Dritte Strophe: Die Seele des lyrischen Ichs spannt ihre Flügel aus und fliegt durch die stillen Lande. Diese Metapher drückt ein Gefühl der Freiheit und des Heimkehrens aus. Die Seele fühlt sich in der nächtlichen Natur geborgen und findet Frieden.

Themen und Motive:

Naturverbundenheit: Eichendorff zeigt eine tiefe Verbundenheit zur Natur, die in der Romantik ein zentrales Thema ist. Die Natur wird als Ort des Friedens und der Harmonie dargestellt.

Sehnsucht und Heimkehr: Die Sehnsucht nach einem idealen Ort und das Gefühl des Heimkehrens sind zentrale Motive in Eichendorffs Werk. Die Seele des lyrischen Ichs findet in der Natur einen Ort der Geborgenheit.

Romantische Stimmung: Das Gedicht vermittelt eine romantische Stimmung durch die Verwendung von Bildern wie dem Kuss des Himmels, dem Blütenschimmer und der sternklaren Nacht.

Joseph von Eichendorff gelingt es in "Mondnacht", eine zauberhafte und friedliche Atmosphäre zu schaffen, die den Leser in eine Welt der Träume und der inneren Ruhe entführt. Das Gedicht ist ein wunderbares Beispiel für die Schönheit und Tiefe der romantischen Poesie.

INSPIATION FÜR EIGENE GEDICHTE

Naturverbundenheit: Eichendorffs tiefe Liebe zur Natur spiegelt sich in vielen seiner Werke wider. Lass dich von der Schönheit der Natur inspirieren und fang die Magie eines Sonnenaufgangs, das Rauschen des Waldes oder das Flüstern des Windes in deinen eigenen Versen ein.

Sehnsucht und Träume: Die romantische Sehnsucht nach einem besseren, freieren Leben ist ein zentrales Thema in Eichendorffs Poesie. Nutze diese Sehnsucht als Quelle der Inspiration und schreibe über deine eigenen Träume und Wünsche.

Melancholie und Lebensfreude: Eichendorffs Gedichte sind oft von einer melancholischen Stimmung durchzogen, die jedoch stets von einer tiefen Lebensfreude begleitet wird. Finde die Balance zwischen diesen beiden Gefühlen und lass sie in deine eigenen Gedichte einfließen.

Musikalität der Sprache: Eichendorffs Verse sind bekannt für ihre musikalische Qualität. Achte auf den Klang und den Rhythmus deiner Worte, um deinen Gedichten eine besondere Melodie zu verleihen.

ANLEITUNG ZUM SCHREIBER EIGENER GEDICHTE

Inspiration finden: Lass dich von Eichendorffs Werken und der Natur inspirieren. Beobachte deine Umgebung und lass deine Gedanken und Gefühle fließen.

Thema wählen: Entscheide dich für ein Thema, das dich besonders anspricht. Es kann etwas Persönliches sein, wie Liebe oder Hoffnung, oder etwas Universelles, wie Freiheit oder Abenteuer.

Freies Schreiben: Beginne mit freiem Schreiben, ohne dich um Reime oder Struktur zu kümmern. Lass deine Gedanken fließen und schreibe alles auf, was dir in den Sinn kommt.

Struktur und Form: Überlege, welche Form dein Gedicht haben soll. Möchtest du Reime verwenden oder lieber freie Verse schreiben? Soll es eine bestimmte Strophenstruktur haben?

Überarbeiten und Verfeinern: Lies dein Gedicht mehrmals durch und überarbeite es. Achte auf den Klang der Worte, die Bildsprache und die Emotionen, die du vermitteln möchtest. Scheue dich nicht, Änderungen vorzunehmen, bis du zufrieden bist.

Joseph von Eichendorff hat uns gezeigt, wie kraftvoll und bewegend Poesie sein kann. Lass dich von seinem Werk inspirieren und entdecke Sie die Freude am Schreiben eigener Gedichte.

IDEENSAMMLUNG

Hoffnung und Glück: Schreibe über eine Situation, in der du Hoffnung gespürt hast. Wie hat diese Hoffnung dich beeinflusst? Beschreibe auch einen Moment, in dem du dich besonders glücklich gefühlt hast. Was hat diesen Moment so besonders gemacht?

Liebe und Lebensfreude: Erzähle von einer Liebe, die dich tief berührt hat. Wie hat diese Liebe dein Leben verändert? Denke auch an eine Zeit, in der du das Leben in vollen Zügen genossen hast. Welche Bilder und Gefühle kommen dir in den Sinn?

Freiheit und Abenteuer: Reflektiere über das Gefühl der Freiheit. Wann hast du dich am freiesten gefühlt und warum? Berichte auch von Abenteuern, das du erlebt hast oder von denen du träumst. Welche Herausforderungen und Freuden hast du dabei erfahren?

Ich hoffe, Zeilen inspiriert dich und andere Leser, eigene Gedichte zu schreiben und die Magie der Poesie zu entdecken. Viel Freude beim Schreiben!

Dein Oren

EIGENE GEDICHTE

KURZBIOGRAFIE OREN THORNE

Oren Thorne, ein Mann mit einem Leben voller Tragödien, Geheimnisse und unermüdlicher Entschlossenheit, wurde in den frühen 1950er Jahren in einer kleinen, Stadt in Mitteldeutschland geboren. Seine Mutter, eine stille, aber starke Frau namens Eliza, war eine außergewöhnliche, gebildete Frau, die aus einer wohlhabenden, doch untergehenden Familie stammte. Ihr Leben war von politischen Unruhe ihrer Heimat geprägt. Doch sie versuchte immer, ihren Sohn Oren vor den düsteren Schatten der Welt zu bewahren. Aber auch Eliza wurde Opfer politischer Verfolgung und musste eine Zeitlang im „gelben Elend" verbringen. Sie war mit Oren Schwanger und litt erheblich unter dieser Haft.

"Ab nach Bautzen!" war eine geflügelte Drohung in der damaligen DDR, die sich auf die berüchtigte Haftanstalt "Bautzen" bezog. Diese war als der "Stasi-Knast" bekannt und galt als die gefürchtetste Haftanstalt für Regimegegner, Fluchthelfer, Spione, Ausländer und "Republikflüchtlinge". Die Haftbedingungen in waren extrem hart, und die Inhaftierten waren der Willkür der Staatssicherheit ausgeliefert. Einzelzellen, Isolationstrakte und spezielle Arbeitszellen für Einzelpersonen waren Teil des Systems der totalen Isolation.

Eliza wurde im Ungarischem geboren und durch den frühen Tod ihrer Mutter musste sie als Waisenkind aufgewachsen. Im Alter von 2 Jahren adoptiert sie eine wohlhabende deutsche Kaufmannsfamilie, die ihr ein völlig anderes Umfeld bot. Aber die Kälte und Distanz der Adoptivfamilie machten die Kindheit von Eliza schwer. Die Adoptiveltern versuchten zwar, ihr eine gute Ausbildung zu bieten, doch sie konnten nie die Liebe und Wärme geben, die sie von ihrer eigenen Mutter erfahren hätte.

So wuchs Oren quasi als heimatloser im Niemandsland auf – die Städte, die sowohl von den Narben des Krieges als auch von der drückenden Stille der Nachkriegszeit gezeichnet war, boten weder Trost noch das Gefühl zuhause zu sein. Als junger Erwachsener floh er nach West-Deutschland, wo er die düsteren Nachkriegsjahre hinter sich lassen und sich seiner wahren Leidenschaft, der Literatur und Philosophie, widmen wollte. Doch die Einsamkeit blieb, er zog sich immer mehr in seine Bücher und Gedanken zurück. Dennoch war er stets ein Mann der Entschlossenheit und des Mutes. Oren fand Ruhe und Zuversicht in den einsamen Wäldern und in den alten, vergilbten Seiten der Philosophen, die er zu lesen pflegte.

Mit der Zeit konnte er die Wunden der Vergangenheit heilen und die Bedeutung des Lebens und des Schmerzes für sich neu definieren. Nach Jahren der Zurückgezogenheit und Meditation zog er in den 1980er Jahren nach Ungarn, um seine Vergangenheit hinter sich zu lassen und neu zu beginnen. In Ungarn fand er neue Quelle der Inspiration. Er begann zu schreiben – über die Verlustzeiten der Geschichte, die dunklen Ecken der menschlichen Seele und die Kraft der Natur, die selbst im Angesicht von Tod und Zerstörung noch immer eine Quelle der Heilung und Erkenntnis bot.

Oren Thorne lebt seit dem in einer stillen, abgelegenen Hütte am Rande eines Waldes. Viel Zeit verbringt er mit der Erforschung der Lebenswege und schicksalhafter Ereignisse. In seinen Schriften sucht er immer wieder die Geheimnisse des Universums zu entschlüsseln.

Zeitfracht Medien GmbH
Ferdinand-Jühlke-Straße 7
99095 Erfurt, Deutschland
produktsicherheit@kolibri360.de